Ostfriesland

NOR 203

Ostfriesland

Ein Porträt – A Portrait

Günther Lübbers (Fotos)
Hermann Gutmann (Text)

Mit 89 Abbildungen

EDITION TEMMEN

Die Deutsche Bibliothek verzeichnet diese Publikation in
der Deutschen Nationalbibliografie; detaillierte bibliografische Daten sind
im Internet über http://dnb.ddb.de abrufbar.

Bildnachweis:
Alle Abbildungen von Günther Lübbers,
bis auf:
Wilfried Frerichs: 11
Klaus Ortgies: 66 f.
Antke Looden: Umschlagrückseite oben links

Wir danken dem Regio-Karten Vertrieb und Verlag Aurich für die freundliche Kooperation.

Übersetzung:
Hildegard & David Skevington

Frontispiz:
Ein Granatkutter läuft den Hafen von Norddeich an.

Frontispiece:
A shrimp boat entering Norddeich harbour.

Hohenlohestr. 21 - 28209 Bremen
Tel. 0421-34843-0 - Fax 0421-348094
info@edition-temmen.de - www.edition-temmen.de

Gesamtherstellung: Edition Temmen
ISBN 987-3-8378-5025-3

Ein Porträt

Ostfriesische Gemütlichkeit hält stets ein Tässchen Tee bereit. Dieses Wort gilt überall in Ostfriesland. Und überall wird der Tee nach ostfriesischer Art getrunken: »Tee as Ölje, een Kuntje as'n Sliepsteen un Rohm as'n Wulkje.« Das heißt auf Hochdeutsch: Tee muss so dickflüssig sein wie Öl. Der Kandis (Kluntjes) muss so groß sein wie ein Schleifstein. Die Sahne aber sollte einer luftigen Wolke ähneln.
Der Kandis wird nach altem Brauch in eine noch leere Tasse gelegt. Der aufgebrühte Tee wird darüber gegossen. Das knistert sehr gemütlich. Danach wird die Sahne mit einem speziellen Sahnelöffel in den Tee gehoben. Dosensahne ist verboten. Die Sahne breitet sich in dem Tee ganz langsam aus und entfaltet sich dabei wie eine zarte weiße Wolke. Es ist nicht erlaubt, den Tee umzurühren. Der Teelöffel auf der Untertasse hat nur eine einzige Bedeutung: Er muss nach drei getrunkenen Tassen in die wieder leere Tasse gestellt werden. Es ist ein Hinweis darauf, dass man zunächst genug getrunken hat. »Dreemal is Ostfreesenrecht!« Bis zu den nächsten drei Tassen.
Ostfriesland, im äußersten Nordwesten der Bundesrepublik Deutschland gelegen, besteht, wenn man so will, aus endloser Weite. Aber nicht nur. Da gibt es Deiche an der Küste und Dünen auf den Inseln, Moore und Meere im Landesinnern. Denn die Seen in Ostfriesland werden Meere genannt. Das Meer aber ist die See, besser gesagt die Nordsee, die in Ostfriesland Jan Rasmus heißt. Und ewig pfeift der Wind - meistens aus Nordwest, was schon daran zu erkennen ist, dass sich alle Straßenbäume nach Südost hin neigen. Ein in den Schwarzwald verschlagenes Ostfriesen-Mädchen gestand: Der Schwarzwald sei ja sehr schön. Aber manchmal habe sie Heimweh - Heimweh nach dem Wind!

A Portrait

Everywhere in East Friesland one is always welcomed with a cup of tea. And everywhere the tea is drunk in the East Frisian way. An old saying in the Frisian language describes this as follows: tea has to be as thick as oil, and the piece of candy sugar ("Kluntjes") has to be as large as a grinding stone, but the cream should be like an airy cloud.
In keeping with an old tradition, the candied sugar is put into the empty cup and the brewed tea is poured over it. This makes a pleasant crackling sound. Then the cream is added to the tea with a special cream spoon. Condensed cream is not acceptable. The cream slowly diffuses into the tea and appears like a delicate white cloud. The tea is not to be stirred. The teaspoon on the saucer has only one use: after three cups of tea have been drunk it is then placed in the empty cup. This indicates that one has had sufficient tea for the time being. "Three times is East Frisian Law!" Until the next three cups, that is.
East Friesland, located in the north-westernmost part of the Federal Republic of Germany, is, so to speak, an endless expanse. But it is not only that. There are dykes along the coast, dunes on the islands, and moorlands and seas in the interior - the East Frisian lakes are called seas. However, the lakes are the sea, or more precisely the North Sea, which is called Jan Rasmus in East Friesland. And the wind blows endlessly - mostly from the northwest, as shown by the roadside trees which are all inclined to the southeast. A girl from East Friesland, finding herself in the Black Forest admitted that it is quite beautiful, but that sometimes she is homesick - homesick for the wind!
East Friesland - it is also farmhouses with tiled or thatched roofs, old mills, huge modern wind turbines, fortified churches and the castles of chieftains.

Ostfriesland – das sind auch die ziegel- und reetgedeckten Bauernhäuser, die alten Mühlen und die gewaltigen modernen Windkraftanlagen, die Wehrkirchen und die Burgen der Häuptlinge.
Ostfriesland – das sind vor allem die Ostfriesen. Es sind manchmal wortkarge Typen, die schon die Frage nach den Wetteraussichten für den Gipfel der Geschwätzigkeit halten. Viele Ostfriesen aber stecken voller Schnurren und Anekdoten. Alle zusammen sind gastfreundliche Leute, bei denen immer eine Kanne Tee auf dem Herd steht. Für sich selbst sowieso und für unerwartete Gäste auch.
Ostfriesland wurde erst im 8. Jahrhundert von den christlichen Missionaren wahrgenommen, was einigen Kirchenleuten schlecht bekommen ist. Denn die Ostfriesen dachten nicht daran, von ihren heidnischen Bräuchen zu lassen, und wem das nicht passte, den schlugen sie tot. Erst nach der Christianisierung der Sachsen durch die Franken schlüpften auch sie unter das Dach der christlichen Kirche. Das fiel ihnen leicht, weil ihnen kein Franke vor die Nase gesetzt wurde. Es fand sich auch keiner, der freiwillig in das gottverlassene Ostfriesland gegangen wäre.
Vom 11. bis zum 13. Jahrhundert entwickelten sich die Landesgemeinden, an deren Spitze Konsuln standen. In jener Zeit trafen sich am Dienstag nach Pfingsten die friesischen Länder am Upstalsboom bei Aurich, um über Recht, Frieden und Freiheit zu diskutieren. Der Upstalsboom, eine im Jahre 1833 von den ostfriesischen Ständen errichtete Steinpyramide, war und ist das Symbol der friesischen Freiheit.
Vom 14. Jahrhundert an prägten die ständig miteinander verfeindeten Häuptlinge die politische Struktur des Landes. Viele Häuptlingsburgen sind erhalten, so in Dornum, Lütetsburg und Pewsum. Am Upstalsboom, so heißt es, entschied sich die Zukunft des Landes. Dort nämlich wurde im Jahre 1464 der Häuptling Ulrich Cirksena von den versammelten Friesen zum erblichen Grafen von Ostfriesland erhoben. Damit gab es endlich Frieden im Land.
Als der letzte Cirksena im Jahre 1744 gestorben war, fiel Ostfriesland an Preußen, das damals von König Friedrich II. regiert wurde. Der König, der später als »der Große«

East Friesland – it is, however, mainly the East Frisians. They are sometimes tight-lipped people who regard discussion of the weather as the height of chattiness. But many East Frisians are full of amusing stories and anecdotes. They are without exception hospitable people with a pot of tea always at the ready on the stove. For themselves in any case, and for unexpected visitors too.
Christian missionaries ventured into East Friesland during the 8th century and some suffered badly in the process. The East Frisians didn't dream of giving up their heathen customs and those who objected to that were summarily killed. It was only following the Christianisation of the Saxons by the Franconians that the East Frisians converted to Christianity. They found this easy enough, because no Franconian was appointed to take charge of them. And there was no one else who would have gone voluntarily to godforsaken East Friesland.
From the 11th to the 13th century, self-governing districts developed which were run by counsels. At that time, the Frisian districts met annually on the first Tuesday after Pentecost at the site of the Upstalsboom near Aurich to discuss matters of law, peace and freedom. The Upstalsboom, a stone pyramid erected by East Frisian officials in 1833, was and still is the symbol of Frisian freedom.
From the 14th century onwards the ever-quarrelling chieftains shaped the political structure of the region. Many of the chieftains' castles are preserved, such as those in Dornum, Lütetsburg and Pewsum. It is said that the future of the region was decided at the Upstalsboom. It was there, in 1464, that the chieftain Ulrich Cirksena was elevated to the hereditary title of Count of East Friesland by the Frisians who had at last joined forces and thus brought peace to the region.
When the last of the Cirksenas died in 1744, East Friesland fell to Prussia which was ruled by King Frederick II at the time. The King, who later entered history books as "The Great", met his masters in the East Frisians. When the King, on a trip on the Ems, wanted to decide which

in die Geschichtsbücher einging, fand in den Ostfriesen seine Meister. Als der König bei einer Fahrt auf der Ems den Kurs des Schiffes bestimmen wollte, knurrte der Kapitän: »Nee, Majestät, hier hebb ick dat Seggen!« Und als der König den Ostfriesen ihren Tee, der importiert werden musste, nehmen wollte, kam es zu einem Teekrieg, den die Ostfriesen gewannen. Trotzdem wird der König noch heute in Ostfriesland verehrt. Er kümmerte sich um seine Provinz und sorgte für Arbeit und Brot.
Denn Essen und Trinken halten auch in Ostfriesland Leib und Seele zusammen. Mit Tee allein ist es nicht getan. Ein anständiges Krabbenbrot oder Granatbrot, wie die Ostfriesen sagen, ist das Feinste, was die Küste zu bieten hat. Frische Fische gibt es überall im Land - und natürlich Aal. Wer es aber deftig mag, für den gibt es Bohnengerichte, Schweinefleischsuppe mit Graupen und sonnabends Kohl mit viel Speck (dick as'n Gesangbook). Am Ende aber sollte man sich eine Sienbohnsopp gönnen!
Das ist aber - Vorsicht! Vorsicht! - keine Bohnensuppe herkömmlicher Art. Hinter dem Wort Sienbohnsopp verbergen sich Branntwein mit Rosinen. Diese »Suppe«, die es heute überall in Ostfriesland zu kaufen gibt, wurde früher bei Kindtaufen, Verlobungen und Hochzeiten genossen. Es war das alkoholische Nationalgetränk der Ostfriesen - fast so wichtig wie der Ostfriesentee.

course to take, the captain growled: "Nae, Your Majesty, I have the say here!" And again, when the King wanted to deprive them of their tea, which the Frisians had to import, a tea war ensued in which the East Frisians were victorious. Even so, the King is revered in East Friesland to this day. He took care of his province and provided both work and bread.
Food and drink keep body and soul together; in East Friesland too. But tea alone is not enough. A nice shrimp or prawn sandwich, as the East Frisians say, is the finest food the coast has to offer. There is fresh fish to be had everywhere, and eel of course. Those who like a hearty meal can have bean dishes, pork soup with barley and, on Saturdays, cabbage with lots of bacon ("as thick as a hymn book"); at the end one should enjoy a "Sienbohnsopp"!
However - beware! beware! - this is not a bean soup of the traditional sort. Rather, it is a spirit with raisins. This "soup", which nowadays can be purchased everywhere in East Friesland, was formerly enjoyed at christenings, engagements and weddings. It was the national alcoholic drink of the East Frisians - almost as important as the East Frisian tea!

Der Hafen der alten ostfriesischen Residenzstadt Aurich liegt am Ems-Jade-Kanal. Der Kanal verbindet die Hafenstädte Emden an der Emsmündung und Wilhelmshaven am Jadebusen. Er wurde 1888 gebaut und ist knapp 75 Kilometer lang. Der Hafen in Aurich ist interessant für Sportbootfahrer, ganz gleich, ob sie auf der Durchreise sind oder einfach mal Urlaub in Aurich verleben wollen. Wer ohne Boot nach Aurich kommt, findet im Hafen einen Bootsverleih. Dort gibt es Tretboote, Ruderboote und Kanus.

The harbour of the one-time East Frisian royal seat of Aurich is located on the Ems-Jade Canal. The canal connects the ports of Emden on the mouth of the Ems and Wilhelmshaven on Jade Bay. Built in 1888 it is just under 75 km long. Aurich harbour is of interest to leisure boat owners, whether just passing through or on holiday in Aurich. Those who come to Aurich without a boat will find a boat rental at the harbour with pedalos, rowing boats and canoes for hire.

Zu den Höhepunkten im Auricher Festkalender gehört das Erntefest. Da trifft sich Aurich auf dem Marktplatz, und Auswärtige sind herzlich willkommen. Aber auch zu anderen Zeiten ist Aurich eine freundliche Einkaufsstadt, die in einer wald- und wiesenreichen Landschaft gelegen ist. Nordwestlich der Stadt befindet sich das große »Ewige Meer«. Es ist der größte deutsche Hochmoorsee.

One of the highlights of the Aurich festive calendar is the harvest festival. All of Aurich then meets in the market square and people from elsewhere are welcome. Aurich is surrounded by woods and meadows and is a friendly shopping town at all times of the year. To the northwest of the town is the "Eternal Sea", the largest moorland lake in Germany.

Bedeutung gewann Aurich, als das Häuptlingsgeschlecht der tom Brok im 14. Jahrhundert seinen Sitz dorthin verlegte und eine Burg errichtete. Die Burg wurde 1430 zerstört. Darauf entstand dort, wo heute das Schloss steht, eine neue Burg. Von 1565 bis 1744 war Aurich Residenz der Grafen von Ostfriesland. Danach gehörte das Land zu Preußen und später zu Hannover. König Georg V. von Hannover ersetzte die Burg in den Jahren 1851 bis 1855 durch ein breitgelagertes Schloss mit einem markanten Mittelturm.

Aurich gained importance when, in the 14th century, the chieftain of the tom Brok tribe relocated his seat there and built a castle. The castle was destroyed in 1430. A new one was erected where today's palace stands. From 1565 until 1744 Aurich was the residence of the Counts of East Friesland. Thereafter, the province belonged to Prussia and later to Hanover. Between 1851 and 1855, King George V of Hanover replaced the castle with a grand palace incorporating a distinctive central tower.

Boßeln ist der Nationalsport der Ostfriesen. Im Winter treffen sich ganze »Volksstämme« auf den Straßen und treiben durch weite Würfe Boßelkugeln vor sich her. Fremde Autofahrer sollten sich merken: Boßelnde haben in Ostfriesland grundsätzlich Vorfahrt. Ein anderer Volkssport ist das Klootschießen. Dabei ist der Kampfplatz ein gefrorener Acker, auf dem eine Kugel möglichst weit geworfen werden muss. Klootschießer traten noch Mitte des vorigen Jahrhunderts in langen Unterhosen an.

“Boßeln” is the national sport of the East Frisians. In winter, whole “tribes” meet in the streets and run along throwing “Boßel” balls as far as they can. Car drivers from outside should note that people who are “boßling” always have right of way. Another popular sport is “Klootschießen”: the contest takes place in a frozen field, in which a ball has to be thrown as far as possible. In the middle of the last century contestants still lined up in long-johns.

Der Name Südbrookmerland erinnert an die ursprüngliche und weitgehend menschenleere Bruchlandschaft zwischen Norden und Emden. Im 11. und 12. Jahrhundert entstanden Siedlungen mit Reihendörfern und überall - wie auf unserem Bild in der Ortschaft Oldeborg - wurden Kirchen gebaut. Oldeborg allerdings trägt seinen Namen nach einer Burg, die damals gebaut wurde, um die Landeseinheit zu schützen.

The name Südbrookmerland recalls the original, largely uninhabited, marsh and fen country between Norden and Emden. During the 11th and 12th centuries, settlements in the form of linear villages developed and everywhere - as seen here in the photograph of the village of Oldeborg - churches were built. Oldeborg however, was named after a castle which was built at that time to protect the region.

In Münkeboe, einem Ortsteil der Gemeinde Südbrookmerland, ist einmal im Jahr ordentlich was los: nämlich während der Münkeboer Festtage. Auf dem Höhepunkt dieser Festtage rollt ein Korso mit etlichen phantasiereich gestalteten Wagen durch das alte Dorf, das von Moorkolonisten gegründet wurde. Sehenswert ist das Münkeboer Dörpmuseum, in dem alte Handwerkskunst lebendig wird.

Once a year, Münkeboe, a part of the Südbrookmerland township, comes alive during the Münkeboe Festival. The highlight of the festival is a procession of several imaginatively designed floats rolling through this old village which was founded by moor settlers. The village museum in Münkeboe, where old handicrafts are revived, is well worth a visit.

Das Große Meer in Südbrookmerland ist ein Niedermoorsee und das größte Binnengewässer in Ostfriesland. Es ist eines der beliebtesten Erholungsgebiete im Inneren des Landes. Und die Leute im Südbrookmerland sagen: »Das ist das Schöne an unserem Großen Meer - ganz Ostfriesland liegt drum herum.« Der Südteil des Großen Meeres steht unter Naturschutz. Der Norden ist Freizeit- und Erholungsgebiet. Dort kann man angeln, segeln, surfen und paddeln. Bis auf wenige Stellen ist der See nicht mehr als einen Meter tief.

The Südbrookmerland "Große Meer" is a low fenland lake and the largest inland water body in East Friesland. It is one of the most popular inland leisure and recreation centres. And the people of Südbrookmerland say: "That is the nice thing about the Große Meer - the whole of East Friesland surrounds it." The southern part of the lake is protected. The northern part is the leisure and recreation area with opportunities to fish, sail, surf and canoe. The lake has a depth of no more than a meter, apart from a few deeper spots.

Mittelpunkt des Brookmerlandes ist Marienhafe mit der Marienkirche, die früher als dreischiffige basilikale Kreuzkirche die größte in Ostfriesland war. Sie war bis zum Jahre 1829 etwa 80 Meter hoch. Dann wurde der Turm »umgebaut« und verkleinert. Heute ist er etwa 35 Meter hoch. Einst hatte der Seeräuber Klaus Störtebeker seinen Schlupfwinkel in Marienhafe und unternahm von dort aus Überfälle auf hanseatische Kauffahrteischiffe. Ein Störtebeker-Denkmal in Marienhafe erinnert daran.

The focal point of Brookmerland is Marienhafe with its church, the Marienkirche. Long ago this was the biggest three-aisled vaulted basilica-like church in East Friesland. Until 1829 it rose to a height of 80 m. The tower was later "re-designed" on a smaller scale and today is 35 m high. Once upon a time the pirate Klaus Störtebeker had his hiding place in Marienhafe from where he carried out raids on Hanseatic merchant ships. The Störtebeker memorial in Marienhafe is a reminder of those times.

Die Ludgerikirche am Marktplatz in Norden wurde in der Zeit des 13. bis 15. Jahrhunderts gebaut und ist mit einer Länge von etwa 80 Metern der größte Sakralbau in Ostfriesland. Der wuchtige Glockenturm steht südlich des Kirchenschiffes. Norden war wohl schon im 9. Jahrhundert Kirchort. Die drei ehemals vorhandenen Häuptlingsburgen sind verschwunden. Im 14. Jahrhundert lag die Stadt durch Einbrüche der See am Meer. Aber die Norder holten sich das Land zurück.

The Ludgerikirche by the market square in Norden was built between the 13th and the 15th century. It is 80 m in length and the largest ecclesiastical building in East Friesland. The mighty bell tower is to the south of the nave. Norden is said to have been a parish as early as the 9th century. Three former chieftains' castles which once existed have disappeared. During the 14th century, the town was on the edge of the sea because of land erosion. However, the people of Norden subsequently reclaimed their land.

Der Innenraum der Ludgerikirche beeindruckt durch den Kontrast der unterschiedlichen Raumhöhen. Bemerkenswert sind der oberhalb der sogenannten Grafenstühle 1601 errichtete Fürstenstuhl, die prächtige Kanzel aus dem Jahre 1712 von Baumeister Garrelts aus Hamburg und vor allem auch die Orgel von Arp Schnitger mit kühn um den südöstlichen Vierungspfeiler herum gebauten Prospekt. Die Orgel ist aus den Jahren 1685 bis 1688.

The interior of the Ludgerikirche is impressive on account of the varying ceiling heights. Particularly remarkable are the so-called Prince's Chair, above the Counts' Chairs, dating from 1601, the splendid pulpit built in 1712 by the Hamburg master-builder Garrelts, and above all the Arp Schnitger organ with a backdrop built around the intersection of two arches. The organ was constructed between 1685 and 1688.

Das Teemuseum in Norden befindet sich im alten Rathaus, das an der Westseite des Marktes steht. Als Rathaus, es ist ein zweigeschossiger Backsteinbau, wurde es Mitte des 16. Jahrhunderts errichtet. Ein Besuch lohnt sich allemal. Geht man aber über den Marktplatz hinweg, sieht man nach kurzer Zeit links das Haus Schöningh. Es ist ein Patrizierhaus mit reich geschmücktem Staffelgiebel. Es wurde im Jahre 1576 nach holländischem Vorbild gebaut.

The Tea Museum in Norden is housed in the old town hall on the west side of the market. The town hall is a two-storey brick building dating from the mid-16th century, and is always worth a visit. Crossing the market, a short distance away on the left, there is a patrician house, Haus Schöningh, with a richly-decorated stepped gable. It was built in 1576, modelled on a Dutch house.

In Ostfriesland haben es auch junge Leute gern gemütlich. Und zur Gemütlichkeit gehört bei allen Ostfriesen eine Tasse Tee. Zunächst wird ein Kluntjes (Kandis) in die Tasse gegeben, der Tee wird darübergegossen (mal hinhören, denn es knistert) und danach wird mit einem speziellen Sahnelöffel Rahm in den Tee gehoben. Der Rahm breitet sich aus und entfaltet eine zarte weiße Wolke. Umrühren ist verboten. Beim Trinken erlebt die Zunge erst den bitteren Tee, dann den weichen Rahm und am Schluss den süßen Kandis.

In East Friesland young people, too, like things to be cosy. And that, for all East Frisians, means having a cup of tea. First a “Kluntjes”, a piece of candy sugar, is put in the cup, the tea is poured on to it (listen to the crackling), and then cream is ladled into the tea with a special cream spoon. The cream spreads and creates a delicate white cloud. Stirring is prohibited. When drinking, the first sensation for the tongue is the bitter tea, then the soft cream and lastly the sweet sugar.

Das Drachen- und Windspielfestival findet im Frühsommer in Norden-Norddeich statt. Schauplatz ist die Wiese zwischen Hafen und Sandstrand. Drachen beherrschen dann den Himmel über Norddeich. Es sind darunter ganz normale Drachen, aber auch Windspiele mit mehr als 15 Metern Durchmesser, witzige Comicfiguren, chinesische Drachen und alle möglichen Phantasiegebilde. Zu dem Festival gehört ein buntes Rahmenprogramm.

A kite festival takes place in Norden-Norddeich in early summer. It is held in the meadows between the harbour and the sandy beach. Kites dominate the skies above Norddeich at that time. There are quite ordinary kites, but also more elaborate ones measuring over 15 m in diameter, kites in the form of comic characters, Chinese kites, and all sorts of fantasy ones. The festival also includes a varied and colourful programme of events.

In der Heulerstation in Norddeich finden junge Seehunde ein Zuhause, bis sie alt genug sind, um ausgewildert zu werden. Als Heuler bezeichnet man junge Seehunde, die von ihren Müttern ausgesetzt oder aus anderen Gründen von ihren Müttern getrennt worden sind. In ihrer Not stoßen die Tiere Klagelaute aus. Sie heulen. Wer eines der Tiere hört, sollte es, bitte, nicht anfassen, sondern den Heuler einer Seehundaufzuchtstation melden. Eine dieser Stationen befindet sich in Norddeich.

In this animal shelter in Norddeich, young seals find a home until they are old enough to be returned to the wild. Seal pups which have been abandoned by their mothers or have been separated from them for any other reason are called "howlers". In their distress, the animals "howl". If one comes across such an animal one should not touch it but inform a captive breeding station for seals, one of which is located in Norddeich.

Wer mit dem Schiff nach Norderney oder nach Juist will, kommt an Norddeich nicht vorbei. Eine ständige Fährverbindung besteht nach Norderney, denn der Inselhafen ist tideunabhängig. Im Gegensatz dazu steht der tideabhängige Hafen von Juist. Passagiere, die mit der Eisenbahn anreisen, haben es besonders leicht. Norddeich-Hafen hat einen eigenen Bahnhof, sodass es die Passagiere vom Bahnsteig zum Schiff nicht weit haben. Unser Bild zeigt eine Begegnung zwischen zwei Norderney-Fähren.

Going by sea to Norderney or Juist one has to pass through Norddeich. There is a shuttle ferry to Norderney, as the harbour on the island is not dependent on the tide. The harbour on Juist however is subject to the tides. For passengers arriving by train it is particularly easy. Norddeich harbour has its own station so passengers don't have far to go from the platform to the ship. The photo shows the meeting of two Norderney ferries.

Die sehenswerte Osterburg im 1000-jährigen Groothusen ist Anfang des 18. Jahrhunderts gebaut worden. Ihr mittelalterlicher Kern stammt aus dem 14. Jahrhundert. Ähnlich alt ist auch die Manningaburg in Pewsum/Krummhörn. Der Nordflügel der Burg wurde im 16. Jahrhundert von Graf Edzard II. mit der Mitgift seiner Frau Katharina, Tochter des Schwedenkönigs Gustav Wasa, errichtet. Die Burg ist heute ein Museum.

Groothusen is 1000 years old and its castle, Osterburg, built at the beginning of the 18th century but retaining a medieval core from the 14th century, is well worth seeing. Manningaburg in Pewsum/Krummhörn is of similar age. The north wing of this castle dates from the 16th century and was built by Count Edzard II with the dowry of his wife Katharina, daughter of the Swedish King Gustav Wasa. Today the castle is a museum.

Zu den Sehenswürdigkeiten der Krummhörn gehören die Leuchttürme in Pilsum und in Campen. Der rot-gelbe 14 Meter hohe Leuchtturm in Pilsum ist inzwischen der meist fotografierte Leuchtturm der Republik. Otto Walkes machte ihn in einem seiner Filme bekannt. Außerdem befindet sich oben im Turm ein gern genutztes Trauzimmer. Der Leuchtturm von Campen, der an der Mündung der Ems in die Nordsee steht und immer noch seinen Dienst versieht, ist mit etwa 65 Metern der höchste deutsche Leuchtturm. Er wird seit 1891 betrieben und fällt durch eine ungewöhnliche Bauweise auf.

The lighthouses in Pilsum and in Campen are amongst the sights to be seen in Krummhörn. The red and yellow lighthouse in Pilsum, made famous by Otto Walkes in one of his films, is now the most photographed lighthouse in Germany. At the top of the tower there is a room popular for weddings. The Campen lighthouse at the mouth of the Ems where it enters the North Sea is the tallest in Germany. It has been in operation from 1891 to this day and its striking design catches the eye.

Die Greetsieler Zwillinge sind weithin bekannt. Es sind zwei Windmühlen, die in trauter Zweisamkeit am Greetsieler Sieltief stehen, gleich am Eingang des Ortes, der mit seinen Giebelhäusern und mit seinem Fischerhafen mittendrin zu den sehenswertesten Orten an der ostfriesischen Küste zählt. Die beiden Galerieholländer haben auch noch wichtige Aufgaben. In der einen Mühle wird Korn zu Futterschrot gemahlen. In der anderen Mühle befinden sich unten eine Teestube und oben eine Kunstgalerie.

The Greetsieler Zwillinge (twins) are a well-known landmark. They are two windmills standing close together by the drainage channel at the entrance to the village of Greetsiel. With its gabled houses and its fishing harbour it is one of the finest villages along the East Frisian coast. The two Dutch-style gallery mills are still performing important tasks. In one of them corn is ground to pellets for feed and the other houses a teahouse with an upstairs art gallery.

Das Sieltor in Greetsiel liegt mitten im Ort und trennt das innere Sieltief vom Hafen, der zu den malerischsten Häfen an der Nordseeküste zählt. Die Cirksenaburg in Greetsiel wurde 1778 auf Befehl des Preußenkönigs Friedrichs des Großen abgerissen - Friedrich brauchte die Steine für den Hafenbau und für das Sieltor, was ihm die Greetsieler auch heute noch hoch anrechnen. Sehenswert sind die Kirche von 1400 mit dem Glockenturm und das Hohe Haus von 1696.

The sluice gate in Greetsiel is in the centre of the town and separates the drainage channel from the harbour, which is one of the most picturesque along the North Sea coast. Greetsiel castle, Cirksenaburg, was demolished in 1778 on the orders of the Prussian King Frederick the Great - Frederick needed the stones to build the harbour and the sluice gate and the people of Greetsiel are still grateful for that. The church dating from 1400 together with its bell tower is well worth a visit; so is the Hohe Haus dating from 1696.

Suurhusen liegt in der Gemeinde Hinte nördlich von Emden. Der Ort fällt durch seinen wuchtigen schiefen Kirchturm auf, der schiefer ist als der schiefe Turm von Pisa. Die Kirche selbst ist eine romanische Saalkirche aus Backstein, die im 13. Jahrhundert gebaut wurde. Die innere Ausstattung ist schlicht und geschmackvoll. Bemerkenswert ist der Taufstein des Bentheimer Typs. Er stammt, wie die Kirche, aus dem 13. Jahrhundert. Suurhusen ist, wenn man so will, das Tor zur Krummhörn.

Suurhusen is located in the community of Hinte to the north of Emden. The town stands out because of its large inclined church tower, more inclined than the leaning tower of Pisa. The church itself is a Romanesque brick hall church from the 13th century. The interior is plain and tasteful. The Bentheim-type baptismal font is quite remarkable. It dates, like the church, from the 13th century. Suurhusen is, so to speak, the gateway to Krummhörn.

Im Emder Ratsdelft, einem Wasserarm mitten in der Stadt, liegt seit 1984 das Feuerschiff Amrumbank, das 1915 in Papenburg gebaut wurde und danach als schwimmender Leuchtturm in der Deutschen Bucht gelegen hat. Nachbar des Feuerschiffes am Ratsdelft ist das Rathaus, das bis zu seiner Zerstörung im Zweiten Weltkrieg zu den schönsten Rathäusern in Deutschland gehörte. Es war im Stil der Antwerpener Renaissance erbaut worden. Beim Wiederaufbau wurden Bauteile des alten Rathauses verwendet.

Since 1984 the lightship Amrumbank has been moored in the Ratsdelft in the middle of the town of Emden. It was built in Papenburg in 1915 and was then used as a floating lighthouse in the Deutsche Bucht. A neighbour of the lightship on the Ratsdelft is the town hall which counted amongst the most beautiful in Germany before it was destroyed in World War II. It had been built in the Antwerp Renaissance style. When it was re-erected, parts of the old town hall structure were used.

Zu den Sehenswürdigkeiten in Emden gehören die Große Kirche, die Kunsthalle und die Pelzerhäuser. Die Große Kirche, Mutterkirche der reformierten Gemeinden im Nordwesten, wurde Opfer einer Bombennacht im Zweiten Weltkrieg. Heute befindet sich darin die Johannes a Lasco Bibliothek. Die überregional bekannte Kunsthalle ist ein Geschenk von Henri Nannen, dem langjährigen Herausgeber und Chefredakteur der Zeitschrift »Stern«, der aus Emden stammte. In den Pelzerhäusern (1585) sind Ausstellungen zum bürgerlichen Leben in Emden zu sehen.

Große Kirche, Kunsthalle and Pelzerhäuser are some of the sights to be seen in Emden. The Große Kirche is the mother church of the reformed communities in the northwest and it was destroyed in a single night by bombs in the Second World War. Today it houses the Johannes-à-Lasco Library. The art gallery, well known nationwide, is a gift from Henri Nannen, the long-time publisher and editor-in-chief of "Stern" magazine, who came from Emden. And the Pelzerhäuser (1585) house exhibits dealing with the life of Emden citizens through the ages.

Das Volkswagenwerk in Emden setzt mit dem Ausbau von Solarenergie, mit Windkraftanlagen oder mit dem Bezug von Fernwärme aus Biomasse seit Jahren auf regenerative Energien. Weithin sichtbar, wie überall in Ostfriesland, sind die stöckerigen »Windmühlen«. Auf dem VW-Werk in Emden wurde vor gar nicht langer Zeit die leistungsstärkste Windkraftanlage der Welt eingeweiht. Dort werden im Jahr 20 Millionen Kilowattstunden produziert. Das entspricht dem Energiebedarf von etwa 5.000 Haushalten.

The Volkswagen plant in Emden has been using renewable energy for years: solar energy, wind energy and district heating from biomass. The wind turbines can be seen from far away, as is the case everywhere in East Friesland. The most efficient wind turbine plant worldwide was inaugurated on the VW site in Emden not long ago. 20 million kilowatt hours are produced here annually which corresponds to an energy supply for about 5,000 households.

Das Emssperrwerk bei Gandersum gehört zu den modernsten Sperrwerken in Europa. Das 476 Meter lange Bauwerk wird seit 2002 betrieben und hat sich schon mehrfach bei Sturmfluten bewährt. Das Sperrwerk verbessert vor allem den Schutz vor Sturmfluten an der Ems und im Leda-Jümme-Gebiet. Die Staufunktion des Sperrwerkes sichert auch die Flexibilität des Schifffahrtsweges Ems zwischen dem emsländischen Papenburg mit der Meyer Werft und Emden. Das ist wichtig für die Wirtschaftskraft der Region.

The Emssperrwerk, a river barrier near Gandersum, is one of the most modern barrages in Europe. The 476 m long structure has been in operation since 2002 and has since withstood several storm tides. The barrage enhances the protection against storm tides on the river Ems and in the Leda-Jümme area. The barrage also secures usage of the shipping lane in the Ems between Papenburg, the Meyer Wharf and Emden, which is important for the region's economic strength.

Der freistehende schlanke Glockenturm der Kirche in Ditzum, das im Rheiderland im südwestlichen Ostfriesland liegt, erinnert an einen Leuchtturm. Es ist tatsächlich anzunehmen, dass der 1846 erbaute Turm zunächst auch als Seezeichen diente. Die Kirche an sich ist erheblich älter. Es ist eine romanische Backsteinsaalkirche aus der Zeit um 1200. An der Nordwand sind noch die romanischen Rundbogenfenster erhalten. Ende des Zweiten Weltkrieges lag die Kirche unter Artilleriefeuer.

The free-standing slender bell tower of the church in Ditzum, in the Rheiderland in southwest East Friesland, resembles a lighthouse. Indeed, it is said that the tower, built in 1846, initially served as a navigation mark. The church as such is much older. It is a Romanesque brick hall church dating from around 1200. Round arch windows are a feature of the north wall. The church came under artillery fire towards the end of the Second World War.

Die Mühle Wynhamster Kolk im Rheiderland ist eine Wasserschöpfmühle, die der Entwässerung des mehr als 2,5 Meter unter NN liegenden Wynhamster Kolks dient. Das Wasser wird in das höher gelegene Sieltief gepumpt. Ein Kolk ist ein Teich, der nach einem Deichbruch entstanden ist. Große Teile des Rheiderlandes liegen unter dem Meeresspiegel.

The Wynhamster Kolk mill in the Rheiderland is a watermill and drains the Wynhamster Kolk which lies 2.5 m below sea level. The water is pumped into a drainage channel at a higher level. A "Kolk" is a pond which is formed after a dyke is breached. Large parts of the Rheiderland are below sea level.

Die guten Zeiten des Hafens in Midlum (Rheiderland) an der Ems sind längst vorbei. Der Hafen ist, wie man mühelos erkennen kann, nicht von der Tide unabhängig. Bis in die 1970er Jahre hinein war Midlum, wie das ganze Rheiderland, durch seine Lehmvorkommen ein Standort der Ziegelherstellung. Die Ziegel wurden über den Midlumer Hafen verschickt. Ein Ziegeleimuseum befindet sich noch im Aufbau. Außerdem steht im Ort einer der schiefsten Glockentürme der Welt.

The good times of the harbour at Midlum (Rheiderland) on the river Ems are long past. It is, as can easily be seen, a tidal area. Until the 1970s, Midlum was known for its clay deposits suitable for brick-making, as was the entire Rheiderland. The bricks were dispatched via Midlum harbour. A brick manufacturing museum is in the process of being built. The town also has one of the world's most inclined bell towers.

Die Ostfriesenstadt Leer liegt an der Mündung der Leda in die Ems. Es ist eine Hafen- und Handelsstadt, in der viele deutsche Reedereien zu Hause sind. Über die Ems hat Leer eine Verbindung zur Nordsee. Binnenschiffe fahren über den Dortmund-Ems-Kanal in das rheinisch-westfälische Industriegebiet. Leer entstand und wuchs um die gegen 800 gegründete Kirche des Missionars Liudger. Sie ist eine der ältesten Kirchen in Ostfriesland. Im Jahre 1823 erhielt Leer die Rechte einer Stadt.

The East Frisian town of Leer lies at the confluence of the Leda and the Ems. It is a harbour and merchants' town where many shipyards are located. Leer has a connection to the North Sea via the Ems. And inland water traffic reaches the industrial areas in the Ruhr via the Dortmund-Ems Canal. Leer came into being around the church founded by the missionary Liudger in about 800. The church is one of the oldest in East Friesland. Leer was conferred with its town charter in 1823.

Seit dem Jahre 1508 gibt es den Gallimarkt in Leer. Es ist das größte Volksfest in Ostfriesland. Der Markt trägt seinen Namen nach dem heiligen Gallus, dessen Tag der 16. Oktober ist – Mitte Oktober findet eben auch der Gallimarkt statt. Volksfestcharakter erhielt der Markt mit dem ersten Karussell im Jahre 1860. Seit 1905 wird der Gallimarkt hinter dem Gymnasium auf der Großen Bleiche aufgebaut. Seit 1952 dauert er fünf Tage. Unser Bild zeigt den nächtlichen Hafen von Leer – im Hintergrund ein Riesenrad.

The Gallimarkt in Leer has been in existence since 1508 and is the biggest folk festival in East Friesland. It is named after St. Gallus, whose name-day is the 16th of October and therefore Gallimarkt is held in mid-October. In 1860 the first merry-go-round appeared and thus gave it a festival flavour. Since 1905 the Gallimarkt has been held behind the secondary school on Große Bleiche, and since 1952 it extends over five days. The picture shows Leer harbour at night with a giant wheel in the background.

Der Hafen von Leer führt mitten in die Stadt, und mitten in der Stadt liegt das die Stadtsilhouette dominierende Rathaus. Es ist ein stattlicher Neorenaissancebau mit einem beherrschenden Eckturm. Erbaut wurde das Rathaus im Jahre 1894. Vor dem Rathaus steht unmittelbar am Hafenufer die Alte Waage mit ihrem Dachreiter. Sie wird als Gaststätte genutzt. Dort bekommt man ostfriesische Kost. Vor allem aber auch Ostfriesentee. Denn Leer ist Teestadt.

Leer harbour reaches into the middle of the town where the town hall with its striking silhouette is located. It is a neo-Renaissance building dating from 1894 with a commanding corner tower. In front of the town hall by the harbour is the Alte Waage, with its ridge turret, which today houses a restaurant serving East Frisian food. And mainly East Frisian tea, because Leer is a tea town.

Der Weinkeller der Ostfriesen liegt in Leer in der Rathausstraße. Der Keller befindet sich im Weinhaus Wolff. Das Haus trägt nach niederländischer Tradition einen Namen: Haus Samson – Symbol der Stärke. In dem Haus, das 1643 im barocken Stil erbaut wurde, lagern mehr als 900 Weinsorten aus aller Welt. Es dominieren deutsche Weine und Weine aus Bordeaux.

The wine cellar of the East Frisians is Weinhaus Wolff in Rathausstraße in Leer. In accordance with Dutch tradition, the house has a name: Haus Samson – symbol of strength. The house was built in Baroque style in 1643 and stores more than 900 types of wine from all over the world. German wines and those from the Bordeaux region predominate.

Die Evenburg in Loga, einem Ortsteil von Leer, ist unlängst im neugotischen Stil restauriert worden. Außerdem wurden Einzelheiten der ursprünglichen Innenarchitektur wieder hergestellt. Die Einweihung war im Jahre 2007. Die Burg, ein Wasserschloss, wurde Mitte des 17. Jahrhunderts von Erhard Reichsfreiherr von Ehrentreuter von Hofrieth (1596–1664) erbaut. Sie erhielt den Namen seiner Ehefrau Eva Freiin von Ungnad. Heute ist in der Burg unter anderem die Berufsakademie Ostfriesland untergebracht.

Evenburg Castle in Loga, a Leer district, has recently been renovated in neo-Gothic style and some details of the original interior have been restored. The inauguration took place in 2007. The moated castle was built by Erhard Reichsfreiherr von Ehrentreuter von Hofrieth (1596–1664) in the mid-17th century. It was named after his wife, Eva Freiin von Ungnad. Today the castle houses the Berufsakademie Ostfriesland, an academy of vocational education.

Die Stadt Weener hat ihren Charakter als typische ostfriesische Kleinstadt über die Zeiten hinweg bewahrt. Zu den Sehenswürdigkeiten gehört der Alte Hafen, an dessen Kopfende zwei bronzene Torffrauen ihrer Arbeit nachgehen. Bei den Frauen handelt es sich um eine Plastik von Karl-Ludwig Böke. Der Alte Hafen diente als Umschlagsplatz für Torf, denn Torf war besonders im 19. Jahrhundert ein unverzichtbares Brennmaterial.

The small town of Weener has retained its typical East Frisian character. The sights include the Old Harbour at the head of which are two bronze female figures going about their work. These are sculptures created by Karl-Ludwig Böke. The Old Harbour served as a transhipment site for turf, because turf was an indispensible fuel especially in the 19th century.

Zu Beginn der mehr als tausendjährigen Stadt Weener an der Ems stand ein Kloster. Heute ist Weener ein zentraler Ort des Rheiderlandes. Bemerkenswert ist die Friesenbrücke über die Ems. Sie ist mit 335 Metern die größte Eisenbahnklappbrücke in Deutschland. Erbaut wurde sie in den 20er Jahren des 20. Jahrhunderts als Verbindung zwischen Leer und Groningen. Sie dient im Übrigen auch als gern benutzter Fuß- und Radweg.

The origin of the 1,000 year-old town of Weener on the Ems can be traced back to a monastery. Today it is the focal point of the Rheiderland. The Friesenbrücke across the Ems is an amazing sight. It is 335 m in length and Germany's longest bascule railway bridge. It was built in the 1920s as a connection between Leer and Groningen. It is also much used by pedestrians and cyclists.

Die neoklassizistische Hoffnungskirche am Fehnkanal in Westrhauderfehn wurde 1848 gebaut. Ihren schlanken Turm erhielt sie in den Jahren 1885/86. Der Turm ist mit mehr als 53 Metern einer der höchsten Kirchtürme in Ostfriesland. Die lutherische Kirchengemeinde, eine der größten des Landes, wurde 1829 gegründet. Im Zentrum von Westrhauderfehn befindet sich in einer Villa aus wilhelminischer Zeit das Fehn- und Schifffahrtsmuseum. Im Kanal davor liegt die Tjalk »Engelina«.

The neo-classisistic Hoffnungskirche by the Fehn Canal in Westrhauderfehn was built in 1848. The slender tower dates from 1885/86; it is over 53 m high and thus one of the tallest church towers in East Friesland. The Lutheran church community, one of the largest in the region, was founded in 1829. In the centre of Westrhauderfehn a villa dating from Wilhelminian times houses a moorland and shipping museum. The single-masted “Engelina” is moored in the canal in front of it.

In Rhauderfehn gibt es drei Windmühlen. Die älteste ist die Mühle Burlage. Sie wurde 1824 als Wallholländer gebaut, brannte 1935 ab, wurde wieder aufgebaut und beherbergt heute ein naturkundliches Museum. Unser Bild zeigt die 1852 gebaute Galerieholländermühle in Rhaude. Sie fiel im 20. Jahrhundert dem Mühlensterben zum Opfer. Heute ist sie wieder komplett und wird für Veranstaltungen genutzt. Die 1865 gebaute Mühle Hahnentange ist ein zweistöckiger Galerieholländer. Ab 1968 stand die Mühle still. Jetzt ist sie wieder funktionsfähig.

There are three windmills in Rhauderfehn, the oldest one being the Burlage mill. It was built in 1824 in the Dutch style, but burnt down in 1935. It was later re-built and today houses a natural history museum. The photograph shows the Dutch-style gallery mill in Rhaude from 1854. It fell victim to neglect in the 20th century, along with many others, but has since been fully restored and is today used to hold events. Hahnentange mill dating from 1865 is a two-storey Dutch-style gallery mill. It ceased working in 1968, but is now functioning again.

Die Villa Popken in Hesel wurde 1922 von dem Bauern Focke Meenken Immenga errichtet. Der Volksmund nannte das Haus, das ein Ausdruck bäuerlichen Selbstverständnisses in Hesel zu Beginn des 20. Jahrhunderts war, nur »Villa«. Zuletzt wohnten dort der Zahnarzt Dr. Wiard Popken (gestorben 1977) und seine Frau Johanna (gestorben 1988). Im Jahre 1993 kaufte die Gemeinde Hesel das Anwesen. Es wird heute vom Heimat- und Verkehrsverein und von der Ostfriesischen Landschaft genutzt.

Villa Popken in Hesel was built in 1922 by a farmer, Focke Meenken Immenga. Amongst the local people it was just called "Villa" and it was an expression of the self-perception of farming families at the beginning of the 20th century. The last occupants were a dentist Dr. Wiard Popken (died 1977) and his wife Johanna (died 1988). In 1993 Hesel council bought the property and today it is used by local associations and by the tourist information office.

Wer sich für alte Kirchen interessiert, ist in Ostfriesland gut aufgehoben. In Holtland, das zur Samtgemeinde Hesel gehört, steht die Marienkirche. Sie ist eine spätromanische Saalkirche aus Backstein und wurde zusammen mit dem dazugehörenden Glockenstuhl in der zweiten Hälfte des 13. Jahrhunderts gebaut. Im Innern der Kirche befindet sich eine wuchtige Orgel von Johann Gottfried Rohlfs aus Esens aus dem Jahre 1813, darunter ein schlichtes Altarbild aus dem 17. Jahrhundert.

Those interested in old churches will have a field-day in East Friesland. In Holtland, which belongs to the joint community of Hesel, the Marienkirche is noteworthy. It is a late Romanesque brick-built hall church which, together with its belfry, dates from the second half of the 13th century. The interior houses a mighty organ built in 1813 by Johann Gottfried Rohlfs from Esens; below it is an unadorned altarpiece from the 17th century.

Die Blumengemeinde Wiesmoor, einst eine trostlose Wüstenei, in der die Moorhexe ihr Unwesen trieb, ist heute eine behagliche Wohngemeinde mit freundlich wirkenden Häusern, mit blühenden Gärten und großen Treibhäusern. Wiesmoor ist sehr beliebt bei Touristen, die dort Entspannung und Erholung suchen - und auch finden. Im Festkalender des Ortes steht ganz oben an das Blütenfest gegen Ende des Sommers mit einem Blumenkorso und mit der Wahl der Blütenkönigin.

Flower-bedecked Wiesmoor, once a wasteland where the moor witch was up to no good, is today a comfortable residential community with pretty houses, gardens in bloom and large greenhouses. Wiesmoor is very popular with tourists looking for - and finding - relaxation and recreation. In the festive calendar, the blossom festival at the end of the summer is particularly noteworthy with a flower parade and the election of a blossom queen.

Nordwest-Blumen

Großefehn ist die erste ostfriesische Fehnsiedlung. Dort wurde 1633 begonnen, das Hochmoor zu erschließen, nachdem zunächst ein Kanal gebaut werden musste, um das Moor zu entwässern. Außerdem wurde der Kanal von den Torfschiffen als Verkehrsweg genutzt. Heute gehört der Großefehnkanal mit seinen malerischen Brücken, die an Holland erinnern, zu den Sehenswürdigkeiten im Innern Ostfrieslands. Genutzt wird er wegen seiner zum Teil nicht unterfahrbaren Brücken kaum noch. Fehn kommt aus dem Holländischen: Veen - Moor.

Großefehn was the first East Frisian fen settlement. Here, in 1633, the initial development of the raised moor began. This entailed first building a canal to drain the moor. The canal was also used by boats to transport turf. Today, the Großefehn Canal and its picturesque bridges, remindful of Holland, are amongst East Friesland's finest inland sights. But because of its several low bridges it is hardly used these days. The word 'fen' comes from the Dutch 'veen', meaning moor.

Mittelpunkt in Ostgroßefehn ist die im Jahre 1804 errichtete Galerie-Holländer-Windmühle mit dem Müllerhaus. Festgemacht im Großefehnkanal, gleich bei der Mühle, liegt die »Antje«, die früher einmal ein Torfschiff war. Heute dient die »Antje« als »Pannekoekenschipp«. Dort gibt es leckere Pfannkuchen. Man merkt: Die enge Verbindung zu Holland ist nicht zu verbergen. In der Mühle gibt es eine Kunstgalerie mit Arbeiten weithin bekannter Künstler.

The main landmark in Ostgroßefehn is the Dutch-style gallery mill with its miller's house from 1804. "Antje", a former turf boat, is moored in the Großefehn Canal alongside the mill. Today, "Antje" is a "Pannekoekenschipp", where one can eat delicious pancakes. The strong connections with Holland are obvious. The mill houses an art gallery with works by well-known artists.

Die Kirche in Großefehn-Holtrop ist die größte Dorfkirche in Ostfriesland. Es ist eine romanische Saalkirche aus Backstein. Sie wurde - genau weiß man das nicht - Mitte des 13. Jahrhunderts gebaut. Der mittelalterliche Glockenturm ist schief und wurde zum Wahrzeichen des Ortes. Im Innern der Kirche findet man an der Nordwand Wandmalereifragmente mit einer großformatigen Darstellung des Jüngsten Gerichtes aus dem 15. Jahrhundert.

The church in Großefehn-Holtrop is the largest village church in East Friesland. It is a Romanesque brick hall church. It is thought to have been built in the middle of the 13th century. The medieval belfry is inclined and became a well-known landmark for the village. The interior of the church has fragments of frescoes on the north wall, with a large-scale depiction of the 'Last Judgement' dating from the 15th century.

Südöstlich von Aurich liegt die Klosterstätte »Stille Räume Ihlow«, die sich aus dem Zisterzienserkloster Schola Dei entwickelt hat. Das Kloster wurde 1228 gegründet und war damals der größte Sakralbau im Stile der Backsteingotik zwischen Bremen und Groningen. Das Kloster wurde 1529 im Zuge der Reformation aufgelöst. Zwischen 2005 und 2009 entstand die einstige Klosterkirche als sogenannte Imagination neu und vermittelt dem Besucher einen Eindruck von den Dimensionen des alten Gotteshauses.

The monastery site of “Stille Räume Ihlow” is located to the southeast of Aurich. It was originally the Schola Dei Cistercian Monastery, founded in 1228, and at that time was the largest ecclesiastical brick-built building in Gothic style between Bremen and Groningen. During the Reformation, in 1529, the monastery was dissolved. Between 2005 and 2009, the former monastery church was re-created in a design which gives visitors an impression of the original dimensions.

Das Kreishaus in Wittmund, erbaut 1899–1902 von dem Oldenburger Architekten L. Klingenberg, ist ein Backsteinbau mit Sandsteingliederung und einem hohen schiefergedeckten Walmdach. Sehenswert ist im Innern das Treppenhaus, welches von Rankenmalereien des Hofmalers Mohrmann (Oldenburg) geschmückt wird. Neben dem Sitzungssaal mit seiner ursprünglichen Ausstattung ist auch das Dienstzimmer des Landrates bemerkenswert. Es ist im Stile einer alten Bauernstube eingerichtet.

The Wittmund district offices were built by the Oldenburg architect L. Klingenberg between 1899 and 1902. The building is made from brick with sandstone inlays and has a slated hipped roof. The interior staircase with decorative paintings by the court painter Mohrmann (Oldenburg) is worth seeing, and so too are the conference room with its original furnishings and the district administrator's office. The latter is fitted out like an old farmhouse parlour.

Die Peldemühle in Wittmund stammt aus dem Jahre 1741. Damit ist sie vermutlich eine der ältesten Galerie-Holländer-Windmühlen. Sie trägt ihren Namen nach ihrer Bestimmung: Denn sie diente dem Pelden beziehungsweise dem Schälen von Gerste, um daraus Graupen zu gewinnen. Der Begriff Pelden stammt aus dem Niederdeutschen beziehungsweise dem Niederländischen. Das Wort ist verwandt mit unserem Verb pellen. Die funktionsfähige Peldemühle in Wittmund ist ein Heimatmuseum.

The Wittmund Peldemühle dates from 1741 and is probably one of the oldest Dutch-style gallery mills. Its name describes its purpose: the word "Pelden" comes from Lower German and/or Dutch, and means "shelling barley". It is related to the English verb "to peel". The Peldemühle in Wittmund still functions and houses a local history museum.

Wittmund, zum ersten Male erwähnt im 12. Jahrhundert und lange Sitz der Häuptlingsfamilie Kankena, gilt als »gemütliche Ostfriesenstadt«. Aber gemütlich ist zu wenig: Tatsächlich ist Wittmund eine Einkaufsstadt. Zentrum ist die Fußgängerzone mit einigen historischen Häusern. Die Fußgängerzone mit den im Pflaster verlegten »Hands of Fame« führt rund um die Nikolaikirche. Erbaut wurde die Kirche in den Jahren 1775/76. Die Orgel stammt aus dem Jahre 1684. Sie ist von dem bekannten Orgelbauer Arp Schnitger.

Wittmund, first recorded in the 12th century, was for a long time the seat of the chieftains of the Kankena tribe. It is regarded as a "homely East Frisian town". But homely does not say it all: it is indeed a shopping town. Its centre is a cobbled pedestrian area with several historic houses. The pedestrian area with casts of famous hands, ("Hands of Fame") encircles Nikolaikirche. The church dates from 1775/76 and its organ from 1684; this latter was built by the famous organ builder Arp Schnitger.

Carolinensiel, das zu Wittmund gehört, ist eine Fischersiedlung, die um 1730 entstanden ist. Im 19. Jahrhundert befand sich dort der zweitgrößte Segelschiffhafen (nach Emden) zwischen Jade und Ems. Dort machten die »Öljeskipper« fest, die Petroleumsegler – Vorgänger der heutigen Tanker. Der Hafen steht heute vor allem Sportbooten zur Verfügung. Sie prägen das bunte Bild des Ortes. Von Carolinensiel-Harlesiel aus gibt es eine regelmäßige Schiffsverbindung nach Wangerooge.

Carolinensiel, part of Wittmund, is a fishing village dating back to around 1730. During the 19th century it had the second largest sailboat harbour (after Emden) between the Jade and the Ems. Petroleum boats, the predecessors of today's oil tankers, docked there. Today the harbour is mainly for leisure boats. They dominate the village's colourful appearance. There is a regular boat service from Carolinensiel-Harlesiel to the island of Wangerooge.

Zu einem der großen Küstenbadeorte an der Nordsee hat sich in den vergangenen Jahrzehnten Esens-Bensersiel entwickelt. Der Ort besitzt einen weiten Sand- und Grünstrand und bietet viele Möglichkeiten körperlicher Betätigung. Von Anfang an war Bensersiel ein beliebtes Ziel von Familien. Aus der Vogelschau erkennt man eine gepflegte Badelandschaft, in der jeder Gast, ganz gleich wie alt er ist, einen Platz an der Sonne findet - selbst dann, wenn die Sonne mal nicht scheint.

During the last few decades, Esens-Bensersiel has become one of the foremost seaside resorts on the North Sea coast. It has a wide sandy beach backed by green spaces offering many opportunities for physical activity. It has always been a popular destination for families. The aerial view shows a well-kept pool area where everybody, no matter what age, finds a place in the sun - even when at times it doesn't shine.

»Villa« mit Blick aufs Meer – mehr kann man nicht erwarten. Auch wenn die Villa nichts weiter ist als ein Zelt oder ein Schirm. Bensersiel bietet jedenfalls ein buntes Strandleben. Wem es langweilig wird – vor allem Kinder brauchen Abwechslung –, für den ist gesorgt. Bensersiel war von vornherein als ein Kinderparadies geplant. Und das ist es ja auch geworden.

A "villa" with a view of the sea – what more could one want. Even if the villa is only a tent or an umbrella. Bensersiel presents a colourful life on the beach. Those who get bored find things to do, and especially children need a variety of attractions. Bensersiel was intended to be a paradise for children, and that is what it has become.

Das Fischerdorf Neuharlingersiel mit seinem malerischen Hafen ist längst aus seinen Fischerstiefeln herausgewachsen. Neuharlingersiel ist ein beliebter Küstenbadeort geworden. Wenn die Fischer von Neuharlingersiel mit ihren Krabbenkuttern von der Fangreise heimkehren, warten viele Gäste, um Krabben, die an der Küste Granat genannt werden, zu kaufen. Die frischen Krabben werden dann auf einer Bank mit Blick aufs Wasser gleich in den Mund gepult.

The fishing village of Neuharlingersiel with its picturesque harbour has, over the years, changed into a popular seaside resort. When the fishermen of Neuharlingersiel return from a fishing trip with their boats and their catches, many visitors are waiting to buy shrimp here. The fresh shrimps are then shelled and eaten while sitting on a bench looking out to the sea.

Neuharlingersiel wurde 1693 erstmals erwähnt. Der Ort entwickelte sich zu einem florierenden Handels- und Fischereihafen. Heute gehört er zu den großen Küstenbadeplätzen in Ostfriesland. Auf unserem Bild oben erkennt man das Nordsee-Schlösschen Sielhof. Der Sielhof (1755) war einst Wohnsitz des oldenburgischen Gesandten in Berlin. Heute befindet sich darin ein Café mit Restaurantbetrieb. Unverändert ist die kleine Schlosskapelle, in der sich Paare trauen lassen können.

Neuharlingersiel was first mentioned in 1693. The town developed into a thriving trade and fishing harbour. Today it is one of the major seaside resorts in East Friesland. In the photograph, above on the right, the small North Sea castle of Sielhof dating from 1755 can be seen. It was once the residence of the Oldenburg envoy in Berlin. Today it houses a café and restaurant. The small castle chapel has survived unchanged and is used for wedding ceremonies.

Esens, Heimat des rauflustigen Junkers Balthasar, wurde der Sage nach während des Dreißigjährigen Krieges, als hessische Söldner die Stadt belagerten, von einem Tanzbären gerettet. Er bewarf die Feinde von der Stadtmauer aus mit Steinen. Der Bär erhielt einen Platz im Wappen der Stadt. Unsere Zeit wird durch das Holarium dokumentiert. Es ist ein Forum bildnerischer Poesie und schon von Weitem an den »holografischen Leuchttürmen« zu erkennen. Sehenswert im schmucken weißen Rathaus ist der Ahnensaal.

Esens is the home of the quarrelsome squire Balthasar who, according to legend, was saved by a dancing bear, when Hessian mercenaries besieged the town in the Thirty Years' War. The bear threw stones from the town wall onto the enemies and thus gained a place in the town's coat-of-arms. Modern times are documented in the "Holarium" – a forum of poetic design and recognisable from afar by the "holographic lighthouses". The ancestral hall in the pretty white town hall is worth a visit.

Das besonders sehenswerte Dornum ist ein uralter ostfriesischer Häuptlingsort, dessen Anfänge um das Jahr 1000 liegen. Im Ort liegt die Beninga-Burg aus der Zeit um 1400. Sie wurde im 16. Jahrhundert zerstört und danach wieder aufgebaut. Älter noch ist die Backsteinkirche St. Bartholomäus von 1270. Die Bockwindmühle am Ortsrand stammt aus dem Jahre 1626. Zu Dornum gehören auch die an der Küste liegenden Orte Dornumersiel und Neßmersiel.

Dornum is an ancient East Frisian chieftains' settlement. Its origins go back to around the year 1000 and it is particularly well-worth seeing. Its castle, Beninga-Burg, dates from around 1400. It was destroyed in the 16th century and then restored. The brick church of St. Bartholomäus is even older, from 1270. And the windmill at the edge of the village dates back to 1626. Dornumersiel and Neßmersiel belong to the community of Dornum.

Die Norderburg in Dornum ist - wie die Beninga-Burg - aus dem Jahr 1400. Sie wurde im Laufe der Jahrhunderte mehrfach umgebaut und erhielt ihr jetziges barockes Aussehen im Jahre 1698. In der Norderburg ist heute eine Realschule untergebracht. Auf dem Gelände der Burg findet seit mehr als zehn Jahren im Sommer das Dornumer Ritterfest statt. Es werden Turniere ausgetragen und auf dem Markt bieten Handwerker und Händler ihre Waren feil, während Gaukler und Spielleute für gute Stimmung sorgen.

Norderburg in Dornum dates back to the same year as Beninga-Burg, that is 1400. Over the centuries the castle was re-designed on several occasions and received its present Baroque appearance in 1698. Today the castle houses a middle school and during the summer the grounds have been the venue for the Dornum Knights' Festival for more than ten years. Tournaments are held, artisans and dealers offer their wares in the market, and jugglers and musicians create a convivial atmosphere.

Die Lütetsburg in der Nähe von Norden ist eine der schönsten Häuptlingsburgen in Ostfriesland. Die Burg, die vom Fürsten zu Inn- und Knyphausen bewohnt wird, wurde als Wasserschloss erbaut und 1514 erstmals zerstört. Das passierte dann noch mehrfach. Doch immer wieder - zuletzt nach einem Feuer im Jahre 1956 - wurde sie aufgebaut. Berühmt ist der Schlosspark. Es ist eine Parkanlage mit abwechslungsreichen Landschaftsbildern aus dem 18. Jahrhundert und mit sehenswerten Rhododendronkulturen.

Lütetsburg near Norden is one of the most beautiful chieftains' castles in East Friesland and is the residence of Prince zu Inn- und Knyphausen. It was designed as a moated castle. It was first destroyed in 1514 and repeatedly thereafter, but was always restored following each destruction, the last time by a fire in 1956. The park is particularly well-known. It dates from the 18th century and has a variety of features including noteworthy rhododendron cultures.

Das Schreien der Möwen ist überall in Ostfriesland zu hören und überall wird gewarnt: Nicht füttern! Denn die Möwen danken es mit einem hässlichen Klacks. Die Schafe sind ideale »Rasenmäher«. Vor allem sorgen sie auf den Deichen für stets kurzes Gras und festen Boden. Deichlämmer sind etwas für Feinschmecker. Auf den Wiesen liegen die Wiederkäuer, wobei die Schwarzbunten nicht mehr die einzigen Kühe in Ostfriesland sind. Auch Pferde grasen hinter den Deichen.

Everywhere in East Friesland one can hear the cries of the seagulls and everywhere there are warnings: do not feed! Because the seagulls reward such an act with a nasty splosh. Sheep are ideal “lawnmowers”. Particularly on dykes they ensure that the grass is short and the ground hard. Lambs from the dykes are a delicacy for gourmets. The ruminants are lying in the meadows, but today not only “German Holsteins” are to be seen in East Friesland. Horses too graze behind the dykes.

Man kann durch Ostfriesland wandern oder man fährt Fahrrad, was übrigens das Allerbeste ist. Man fährt mit einem Boot durch Ostfriesland oder mit dem Auto, womit man sich keinen Gefallen tut. Aber mit der Bahn zu fahren – das ist nicht einfach, weil kaum eine Bahn durch Ostfriesland fährt. Doch es gibt eine: Es ist eine Museumseisenbahn, eine Küstenbahn, wenn man so will, die von Norden über Hage und Westerende in den alten Häuptlingssitz Dornum führt. Und zurück.

East Friesland lends itself to hiking and to cycling, which is best of all. One can also go by boat or by car, but that is no fun. Taking a train is not easy, because there are hardly any trains serving East Friesland. There is one, however: it is a museum train, following the coastline from Norden via Hage and Westerende to the old chieftains' seat of Dornum – and back again.

Fahren in Ostfriesland Autos unter Schiffen hindurch oder fahren Schiffe über Autos? Was vor vielen Jahren für viele Nicht-Ostfriesen in die Kiste der Ostfriesenwitze gesteckt worden wäre, ist seit 1989 Realität. Denn am 6. Oktober 1989 wurde der Emstunnel bei Leer für den Straßenverkehr freigegeben. Der Tunnel ist Teil der Autobahn 31 von Emden über Leer nach Bottrop. Sinn des Tunnels ist es, die Verkehrsinfrastruktur in Ostfriesland durch die Anbindung an das Ruhrgebiet zu verbessern.

Do cars drive under ships or do ships sail over cars in East Friesland? What would have been one of the many jokes about the East Frisians long ago became a reality in 1989. On 6 October 1989 the Ems Tunnel near Leer was opened to vehicular traffic. The tunnel is part of the A31 motorway from Emden via Leer to Bottrop. Its purpose is to improve the infrastructure in East Friesland by providing ready access to the Ruhr area.

Der aus zwei Röhren bestehende 945 Meter lange Tunnel verbindet auch den Raum Oldenburg/Bremen mit den Niederlanden. Er wurde im Mündungsgebiet der Ems angelegt, weil Brücken über den Strom wegen der hohen Aufbauten der Schiffe nicht mehr geschlagen werden können. So wären die Kommandobrücken der Kreuzfahrtschiffe, die die Papenburger Meyer-Werft verlassen, für eine Straßenbrücke zu hoch gewesen. Unser Bild zeigt die AIDAluna, die 2009 den Emstunnel, rückwärts fahrend, überquerte.

The 945 m long twin tunnel also connects the Oldenburg/Bremen areas with the Netherlands. It was constructed in the Ems estuary because bridges across the river are not feasible on account of the high superstructures on ships these days. Thus, the bridge decks of cruise liners built at the Meyer-Werft shipyard in Papenburg would have been too high to pass beneath a road bridge. The photo shows the AIDAluna crossing over the Ems Tunnel in 2009.

Die Seehunde sind neben den Kegelrobben, die allerdings seltener anzutreffen sind, die größten Raubtiere in der Nordsee. Ihre Treffpunkte sind im Wattenmeer, wo sie sich bei Ebbe auf den Sandbänken in der Sonne aalen. Dort kommen im Sommer die Jungen zur Welt, die ihren Müttern schon gleich bei der nächsten Flut ins Wasser folgen. Der Seehund wird etwa 1,5 Meter (Weibchen) oder zwei Meter (Männchen) lang und bis etwa 100 Kilogramm schwer. Unser Bild zeigt die Seehundsbänke vor Norderney.

The common seals, together with the less numerous grey seals, are the largest predators in the North Sea. Their meeting places are the tidal flats where they bask on the sand banks in the sun at low tide. There, the young ones are born in the summer and they immediately follow their mothers into the sea with the next high tide. A seal grows to around 1.5 m (female) or 2 m (male) and weighs up to 100 kg. The photograph shows seals on a sand bank off Norderney.

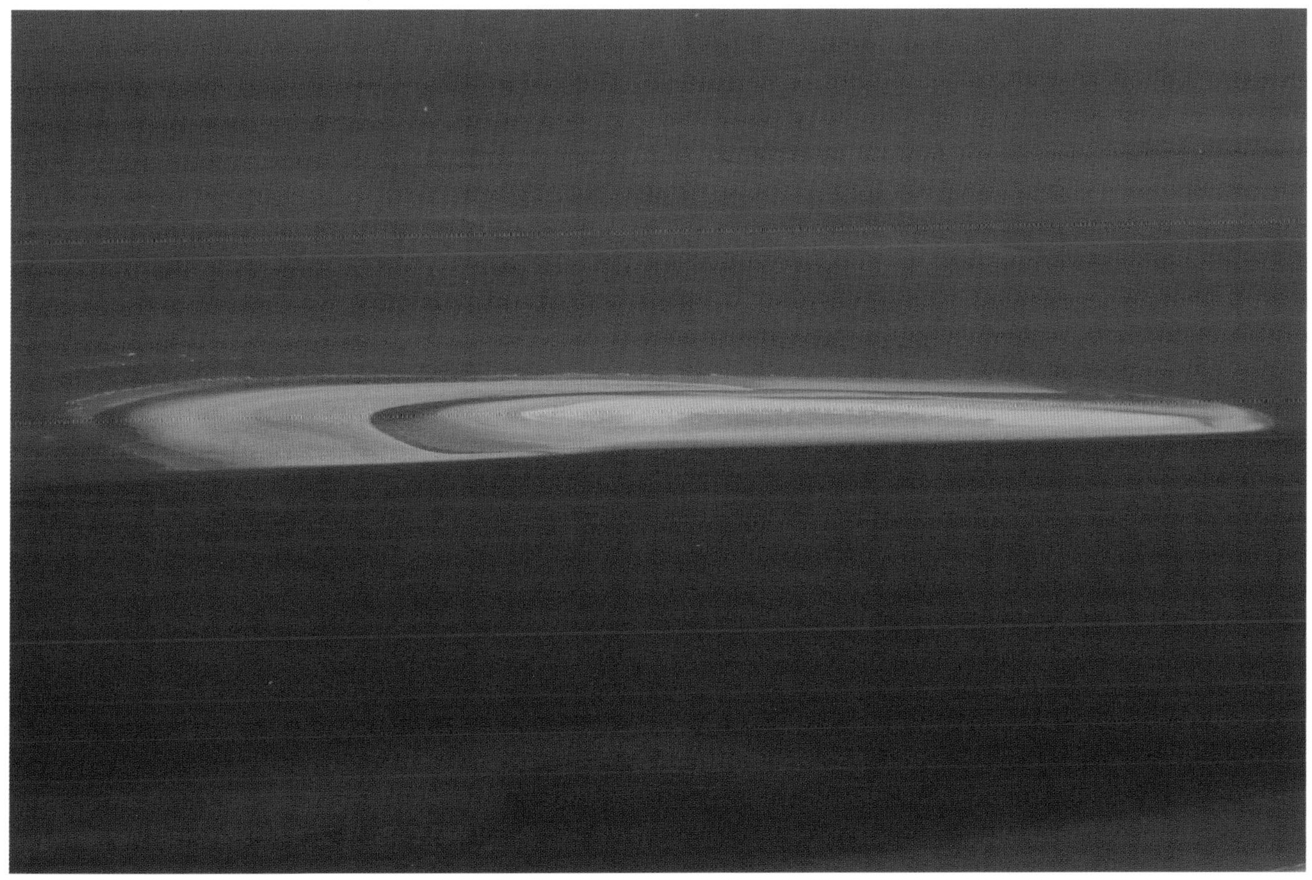

Das Wattenmeer, in dem auch die sieben Ostfriesischen Inseln liegen, gehört seit dem Jahre 2009 zum Weltnaturerbe. Es ist ein einmaliges Naturreservat. Sandbänke und Priele, die bei Flut zu reißenden Strömen werden können, bieten seltenen Vogelarten Lebensraum und Brutfelder. Geführte Wattwanderungen können zu einem Erlebnis werden. Sie werden überall an der Küste und auf den Inseln angeboten. Unser Bild wurde im Watt vor Juist aufgenommen.

The Wadden Sea, in which the seven East Frisian Islands lie, has been a World Heritage Site since 2009. It is a unique nature reserve. Sand banks and tidal channels, which can become torrential rivers at high tide, offer a habitat and breeding places for rare birds. Conducted tours around the Wadden Sea are a special experience. They are offered everywhere along the coast and on the islands. This photograph of the Wadden Sea was taken off Juist.

Borkum, westlichste und größte der sieben Ostfriesischen Inseln, liegt etwa 20 Kilometer vom Festland entfernt in der Nordsee. Auf der Insel gibt es mehr als 120 Kilometer ausgebaute Wanderwege, die zu zünftigen Wanderungen einladen. Am breiten Sandstrand befindet sich eine etwa sechs Kilometer lange Strandpromenade. Die ersten Touristen kamen in den Jahren nach 1830 auf die Insel. Im Jahre 1875 machte Borkum mit einer neuen Warmwasser-Badeanstalt von sich reden.

Borkum is the westernmost and largest of the seven East Frisian Islands and lies in the North Sea around 20 km offshore. There are more than 120 km of hiking trails to be taken advantage of. A six km long promenade follows the wide sandy beach. The first tourists arrived on the island in the 1830s. In 1875 Borkum became known for the novelty of its warm-water bathing house.

Die Stadt Borkum wird beherrscht vom Neuen Leuchtturm, der 1879 gebaut wurde (etwa Mitte des Bildes). Die Borkumer lebten im 18. Jahrhundert vorwiegend vom Walfang. Die meisten Insulaner heuerten auf holländischen Walfängern an, viele von ihnen als Kommandeure. Im alten Teil des Ortes trifft man auf Zäune aus Walkiefern. Wahrzeichen der Insel ist der Alte Leuchtturm, der zum Heimatmuseum gehört und in dem man sich zu einer gemütlichen Teestunde treffen kann.

The town of Borkum is dominated by the New Lighthouse built in 1879 (in the centre of the photo). In the 18th century, the livelihood of the people of Borkum came mainly from whaling. Most islanders signed on with Dutch whalers, many of them as skippers. In the old part of town one can see fences made of whale jaws. The island's landmark is the Old Lighthouse, which is part of the local history museum where one can meet for a nice cup of tea.

Juist ist mit 17 Kilometern die längste Ostfrieseninsel. Sie liegt mit einer Breite von 500 Metern wie ein Stock in der Nordsee. Juist ist eine Insel ohne Autos und ohne Verkehrslärm. Denn die auf der Insel üblichen Pferdefuhrwerke fahren im Ort nur Schritt. Die Juister sagen: »Sonst könnten wir das ja überhaupt nicht aushalten!« Im Übrigen kommt man am besten mit dem Fahrrad vorwärts. Die Insel wurde im Jahre 1398 erstmals erwähnt und bei Sturmfluten mehrfach durchbrochen. Seit 1840 ist sie Nordseebad.

Juist is 17 km in length and thus the longest of the East Frisian Islands. It resembles a stick, 500 m wide, lying in the North Sea. Juist is an island without cars and hence traffic noise. The horse-drawn carts which are commonly used move at walking pace. "The noise would be unbearable otherwise", the people of Juist say. Cycling is the best way of getting around. The island was first mentioned in 1398 and it has been split up several times by storm tides. Since 1840 it has been a North Sea resort.

Der Hafen von Juist liegt nicht weit vom Ort entfernt. Eine Schiffsverbindung gibt es nach Norddeich. Die Reise dauert etwa eineinhalb Stunden. Der Fahrplan richtet sich nach der Tide, also nach Ebbe und Flut. Das bedeutet, dass die Schiffe den Hafen nur bei Flut anlaufen können. Die Juister sind nicht böse darüber: »Nichts gegen Besucher. Aber sie müssen ja nicht gleich überhandnehmen.« Wer nicht mit dem Schiff fahren will, muss mit einem Flugzeug nach Juist fliegen. Es gibt dort einen gut ausgebauten Flugplatz.

Juist harbour is not far from the town. There is a boat connection to Norddeich taking about 1½ hours. The timetable is dependent on the tide, as the boats can only enter the harbour at high tide. The people of Juist don't mind. "Nothing against visitors. But it's better not to have too many all at once." Those not wishing to travel to Juist by boat have to take an aeroplane. The island has an airfield with all essential facilities.

Norderney, das älteste deutsche Nordseebad und einst Sommerresidenz der Könige von Hannover, steht in ständiger Schiffsverbindung zu Norddeich. Die Insel, die ihren Residenzcharakter bis heute bewahrt hat, ist etwa 14 Kilometer lang und hat eine mittlere Breite von etwa zwei Kilometern. Der Ort mit seinen zum Teil hohen Häusern und mit seinem vorbildlichen Kurbetrieb liegt im Westen der Insel. Ein ausgedehntes Strand- und Dünengelände lädt zu langen Wanderungen ein.

Norderney is the oldest German North Sea resort and was once the summer residence of the kings of Hanover. There is a regular ferry service to Norddeich. The island has retained its character as a royal residence. It is 14 km long and has an average breadth of around 2 km. The town, with its several high buildings and excellent spa facilities, is in the west of the island. Extensive beaches and dunes are an invitation to take long walks.

Baltrum ist mit fünf Kilometern Länge und 1,4 Kilometern Breite die kleinste der sieben Ostfriesischen Inseln und sie ist sicherlich eine der stillsten. Jedenfalls gibt es keinen Autoverkehr. Wo sollen die Autos auch hin? Die Düneninsel, im Jahre 1398 erstmals erwähnt, wurde erst sehr spät besiedelt und auch spät als Ferieninsel entdeckt. Die ersten Gäste kamen im Jahre 1876. Baltrum ist die Insel der kurzen Wege. Man ist überall gleich da und der Badestrand grenzt unmittelbar ans Dorf.

Baltrum is 5 km long and 1.4 km wide and thus the smallest of the seven East Frisian Islands and certainly one of the quietest. No cars are allowed. Where would they go, anyway? The dune island, first mentioned in 1398, was settled rather late and not discovered as a holiday destination until relatively late either, the first visitors arriving only in 1876. Baltrum is the island of short distances. One gets everywhere in no time and the beach is immediately adjacent to the village.

Langeoog, drittgrößte unter den Ostfriesischen Inseln, gilt als »sportliche« Insel, die im neu gestalteten Kurmittelhaus ein großzügiges Angebot bietet. Auf Langeoog befindet sich der höchste »Berg« Ostfrieslands. Es ist die 29 Meter hohe Melkhörn-Düne. Auf der Insel gibt es keinen Autoverkehr. Es stehen aber Pferdekutschen zur Verfügung. Das beste Verkehrsmittel ist allerdings das Fahrrad. Erwähnt wurde Langeoog erstmals 1289. Die ersten Kurgäste stellten sich im Jahre 1830 ein.

Langeoog, the third largest amongst the East Frisian Islands, is regarded as a "sporty" island and its newly-designed health centre has much to offer. East Friesland's highest "mountain", the 29 m high Melkhörn dune, is on Langeoog. There are no cars on the island, but horse-drawn carts are available. However, the best means of transport is by bicycle. Langeoog was first recorded in 1289. The first spa visitors arrived in 1830.

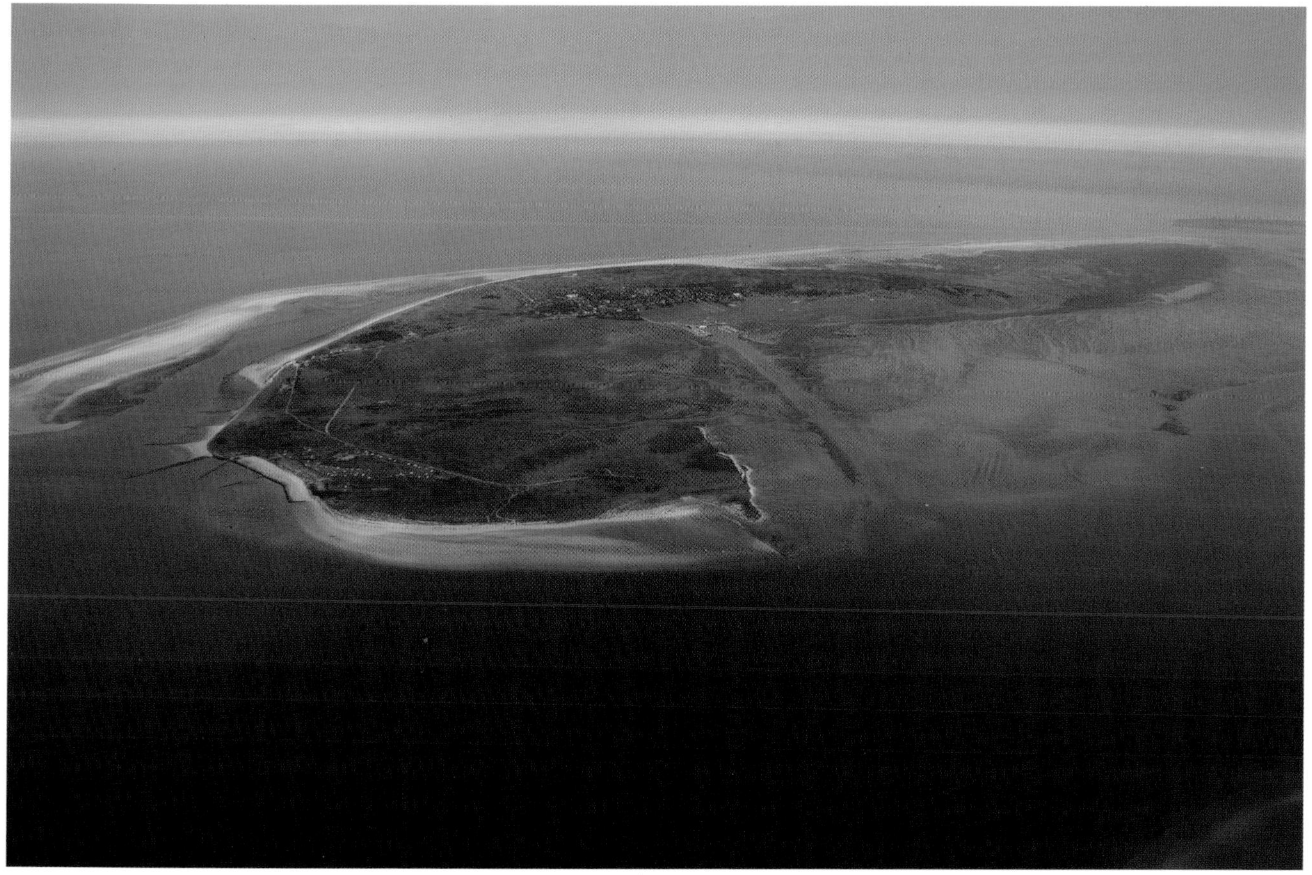

Spiekeroog gilt mit seiner weitläufigen Dünenlandschaft, mit seinen kleinen Wäldern und mit dem alten Baumbestand im Ort als die grüne Ostfriesische Insel. Es ist eine Fußgänger-Insel. Selbst Fahrräder können nur eingeschränkt benutzt werden. Auch hat Spiekeroog keinen Flugplatz. Zu den Schiffskatastrophen, die sich vor Spiekeroog abgespielt haben, gehört 1854 die Strandung des Auswandererschiffes »Johanne« mit 80 Toten. Das Unglück führte zur Gründung der Deutschen Gesellschaft zur Rettung Schiffbrüchiger.

Spiekeroog, with its extensive dunes, small woodlands, and ancient trees in the village, is regarded as the green East Frisian island. It is an island for pedestrians and even bicycles are allowed only in restricted areas. There is no airfield either. There have been some shipping catastrophes off Spiekeroog, one of them the beaching of the emigrants' ship "Johanne" with the loss of 80 lives. The disaster led to the foundation of the German sea rescue service.

Hochhäuser gibt es auf Spiekeroog nicht. Das passt nicht zum dörflichen Ortsbild mit der ältesten ostfriesischen Inselkirche. Sie ist von 1696. Spiekeroog hat seinen Charakter als alte Seefahrerinsel bewahrt. Die meisten Männer gingen einst in die Fremde und wurden Seeleute. Die Daheimgebliebenen lebten vom Fisch- und Seehundsfang. Nur zögernd gewöhnte man sich an Touristen. Noch Ende des 19. Jahrhunderts wurden weniger als tausend Gäste im Jahr gezählt. Das hat sich allerdings erheblich geändert.

There are no high-rise buildings on Spiekeroog. They do not fit the character of the village which has the oldest East Frisian island church built in 1696. Spiekeroog has retained the flair of an old seafaring island. In former times most men left home and went to sea. Those staying behind made their living from fishing and sealing. The islanders got used to tourists only hesitantly. Until the end of the 19th century there were less than a thousand visitors a year. This has now changed considerably though.

Wangerooge ist die östlichste der sieben Ostfriesischen Inseln. Doch genau genommen gehört sie gar nicht zu Ostfriesland, sondern zu Friesland und damit zu Oldenburg, was aus ostfriesischer Sicht etwas Schlimmes ist. Aber wir wollen mal nicht so sein. Wangerooge, ebenfalls ohne Autoverkehr, gilt seit eh und je als Familienbad. Die Insel liegt an einer der Hauptstraßen der internationalen Schifffahrt. Die Großschifffahrtswege der Jade, Weser und Elbe führen dicht an der Insel vorüber.

Wangerooge is the easternmost of the East Frisian Islands. Strictly speaking, it does not belong to East Friesland but to Friesland and thus to Oldenburg, which is quite offensive to East Frisians. But never mind. Wangerooge is also carfree and has always been a family resort. The island lies adjacent to one of the main international shipping lanes serving the rivers Jade, Weser and Elbe.

Erstmals urkundlich erwähnt wird eine Siedlung auf Wangerooge 1306 in einem Vertrag zum Strandrecht zwischen Bremen und dem Gau Östringen. Die Geschichte der Insel ist allerdings recht bunt. 1793 lebten die Wangerooger unter russischer Herrschaft. 1807 fiel die Insel an die Niederlande, wurde drei Jahre später von Frankreich annektiert und weitere drei Jahre später wieder russisch. Seit 1818 gehörte Wangerooge zum Großherzogtum Oldenburg und zu Oldenburg gehört die Insel noch heute. Der Badebetrieb entwickelte sich seit dem Jahre 1804.

A settlement on Wangerooge was first recorded in 1306, in a contract regarding beach rights between Bremen and the district of Östringen. However, the island's history is very chequered. In 1793 the people of Wangerooge were under Russian rule. In 1807 the island fell to the Netherlands, three years later it was annexed by France, and a further three years later became Russian again. From 1818 Wangerooge belonged to the Grand Duchy of Oldenburg and to Oldenburg it belongs to this day. Its development as a seaside resort dates from 1804.